# L'ABBAYE DE SAINT-VINCENT

## DE BESANÇON

## SON ÉGLISE, SES MONUMENTS ET LEUR HISTOIRE

**Par M. Jules GAUTHIER**

---

Les historiens locaux qui, de Jean-Jacques Chifflet à nos jours, ont consacré quelques pages à l'abbaye Saint-Vincent de Besançon, de l'ordre de Saint-Benoît, l'ont fait de telle façon que le sujet reste intact et réclame une étude plus consciencieuse. Sans vouloir écrire une monographie complète d'un monastère qui eut sept cents ans de durée et dont les abbés, quelquefois même les simples religieux, jouèrent dans les annales de la ville et du diocèse de Besançon un rôle souvent très important, j'essaierai de concentrer, dans une notice précise et concise, des renseignements inédits sur l'église abbatiale, sur les monuments qu'elle dut à la générosité de ses prélats, de ses moines ou de ses paroissiens. L'archéologie et l'histoire trouveront également leur compte à ces recherches, dont le corollaire sera naturellement une liste aussi exacte que possible des abbés réguliers ou commendataires qui ont gouverné l'abbaye de Saint-Vincent.

## I.

Le territoire de Besançon, devenu aux temps mérovingiens le domaine des archevêques, fut distribué par leurs largesses soit aux églises, soit aux officiers dont l'activité assura à travers les âges leur puissance temporelle, qui, suivant une loi fatale, alla toujours s'amoindrissant. Dès les temps carolingiens, les abbayes de Bregille et de Notre-Dame de Jussan-Moutier, plus tard celle de Saint-Paul, et le chapitre de Sainte-Madeleine, créés par Hugues Iᵉʳ au xiᵉ siècle, se partagèrent aux quatre points cardinaux de vastes emplacements à l'intérieur de la ville ou dans sa banlieue. Les vicomtes, les maires, les séchaux, les prévôts, les forestiers de l'archevêque, eurent aussi leurs terres et leurs lots. Et peu à peu il ne resta au siège métropolitain que le domaine de Bregille, le pré et le moulin de Chamars, et quelques rares immeubles dont ses titulaires eurent la jouissance jusqu'à la Révolution. La dotation des chapitres cathédraux qui desservaient les églises de Saint-Jean et de Saint-Étienne et avaient vécu longtemps en communauté avec l'archevêque, dormant sous le même toit et mangeant à la même table, avait été largement assurée, dès l'origine, et du xiᵉ au xivᵉ siècle, ils purent s'associer aux fondations pieuses de leur métropolitain en rétrocédant çà et là telle ou telle part du terroir bisontin. C'est ainsi qu'en 1092 les deux cathédrales abandonnèrent ce qu'elles possédaient de surface dans l'ancien Champ de Mars de Vesontio à l'abbaye que l'archevêque Hugues III venait d'y dédier au glorieux martyr de Saragosse, saint Vincent, dont Charles le Chauve avait rendu le culte populaire au diocèse de Besançon. Ce vocable de Saint-Vincent, cette création d'un monastère, furent imposés à un édifice construit sous l'épiscopat d'un archevêque récemment décédé, Hugues II, qui avait appelé des moines bénédictins pour le desservir, et mourut après l'avoir dédié à saint Pierre, sans avoir achevé son dessein.

Hugues III constitua l'abbaye, lui donna pour chef un moine nommé Achard, en déclarant que lui et ses successeurs seraient vicaires de l'archevêque, et auraient la préséance sur tous abbés. Il dota en même temps l'établissement nouveau de divers privilèges, y ajoutant le patronage de vingt églises, disséminées des rives de la Saône à celles du Doubs [1].

De l'édifice bâti par Hugues II, et devenu le noyau de l'abbaye dotée par Hugues III, il reste fort peu de chose : un pilier cylindrique et un chapiteau à palmettes encore debout dans l'église actuelle de Notre-Dame, un second chapiteau du $xi^e$ siècle analogue au précédent, mais sculpté seulement sur trois faces, qui a trouvé asile aux Archives du Doubs [2].

Suivant une tradition, Hugues III aurait été enseveli dans l'église bâtie par ses soins, mais aucune inscription n'a gardé la trace de sa sépulture ; il n'en fut pas de même d'un personnage contemporain de la charte de fondation de 1092, l'archidiacre Wolbert, mort vers 1140, et jusqu'à 1793, où un ouvrier détruisit ce monument précieux, on put lire en superbes caractères l'inscription suivante en vers léonins que l'historien de Bourgogne, dom Plancher, a fait dessiner à Saint-Vincent au $xviii^e$ siècle [3].

---

(1) Charte originale du 3 août 1092, fonds Saint-Vincent, aux *Archives du Doubs;* publiée dans le tome XV de la *Gallia Christiana*, par Hauréau, d'après les copies Droz, n° XII des pr. de l'église de Besançon.

(2) Pl. I.

(3) D. PLANCHER, *Hist. de Bourgogne*, t. II, 522. Cette pierre mesurait cinq pieds trois pouces de long, sur deux pieds de haut. La tombe de l'ermite Renaud, qui date de 1124 et est conservée dans l'église de Baume-les-Messieurs, peut aider à compléter l'aspect de ce monument que nous reproduisons, pl. II.

✠ CLARUIT IN VITA
VENERABILIS ARCHILEVITA
NOMINE VOLBERTUS
JACET ECCE CINIS COOPERTUS
CUMQUE DIE MAGNO
REMOVEBIT HEDUS AB AGNO
CUM GREGE DILECTO
SURGAT DE PAUPERE LECTO.

« Ici repose le vénérable archidiacre Volbert, qui brilla durant sa vie ; cette pierre recouvre sa cendre, mais quand le grand jour viendra où le bouc sera séparé de l'agneau, il se lèvera de son humble couche pour rejoindre le troupeau préféré. »

Les dispositions générales du monastère de Saint-Vincent n'ont guère varié à travers les âges : l'église mutilée, remaniée et dénaturée, du xv siècle à nos jours, a gardé son assise primitive, et l'on peut conjecturer, grâce au pilier encore en place, qu'elle devait primitivement, comme l'église Saint-Pierre de Besançon bâtie à la même époque, compter trois nefs ou tout au moins deux, séparées par des arcades en plein cintre. En tous cas, ces trois nefs furent de bonne heure réduites à deux, nous le savons par le témoignage de dom Guillo, qui fut en 1720 historien de l'abbaye dont il était le grand prieur [1].

L'église primitive de Saint-Vincent, dont les murs sont partiellement conservés sur les flancs de la nef actuelle, était sans voûte, mais simplement plafonnée, la hauteur de son vaisseau ne dépassait pas neuf mètres (28 pieds).

---

(1) « Son élévation n'étoit que d'environ 28 pieds, elle manquoit de voute, les fenestres du chœur n'avoient que deux pieds et demy de large sur dix de haut et elles étoient murées a moitié d'un costé. Le frontispice étoit écrasé.... Il n'y avoit point de collatéral d'un côté, et toute cette église étoit un quarré long, sans coquille. » DOM GUILLO, *Hist. de Saint-Vincent*, ms. autog. n° 191, *Bibl. de Vesoul*, p. 105. Copie moderne. Fonds Saint-Vincent. *Arch. du Doubs.*

Un nécrologe du monastère, dont le P. André de Saint-Nicolas a eu la sage précaution de relever des extraits, va nous fournir quelques dates intéressantes sur les remaniements de l'église, du cloître, des bâtiments et de l'enclos de Saint-Vincent.

Vers 1240, l'abbé Hugues de Montmirey fait clore de murs la vigne de l'abbaye, c'est-à-dire un enclos compris dans le périmètre que dessinent à présent les rues de la Préfecture, Charles Nodier et du Perron, les bâtiments de l'abbaye et le jardin prenant jour sur la rue récemment baptisée du nom de l'horloger Mégevand.

Entre 1363 et 1370, un autre abbé, Gérard de Laubespin, fait faire une horloge et un légendaire manuscrit.

Pierre Arménier (1415-1440) répare et restaure le cloître, répare les verrières de l'église, en fait poser de neuves, en même temps qu'il orne de stalles le chœur de l'édifice.

Jean de Renédale fait voûter le cloître, reconstruit le chœur de l'église en remplaçant par un chevet droit l'ancienne abside semi-circulaire, munit d'ornements précieux et de livres liturgiques la sacristie du monastère (1443-1491).

Pierre de Montfort (1492-1501) bâtit le logis abbatial sur l'emplacement de la cure actuelle de Notre-Dame.

Hugues d'Augicourt, dernier abbé régulier (1501-1517), fait ériger à droite du chœur une chapelle dédiée à saint Hugues.

L'ère des abbés commendataires est inaugurée par Antoine de Montcut, aumônier de cette Marguerite d'Autriche dont l'exquise figure fut littéralement adorée par nos aïeux ; c'est ce prélat qui collabore à l'érection dans les marais de Bresse de ce délicieux monument qu'on appelle Notre-Dame de Brou. Il en détache à divers reprises maçons, sculpteurs et peintres au profit de son abbaye de Saint-Vincent. En 1521, une équipe de constructeurs vient élever au bas de l'église, et sur sa droite, un clocher haut de cent pieds, surmonté d'une flèche couverte en fer-blanc, de la même hauteur (1). A la base de cette tour qu'un ouragan décoiffa en 1645 et que des vandales réduisirent de moitié il y a cent et quelques années, une jolie chapelle est dédiée à Notre-Dame des Douleurs, et Conrad Meyt, celuilà même qui a taillé dans l'albâtre les tombeaux de Brou, vient y placer un superbe groupe en marbre du Christ au tombeau soutenu par la Vierge et par un ange, qu'on a relégué à demi méconnu et mutilé dans la chapelle des fonts de la cathédrale de Besançon (2).

Sur le maître-autel de l'église, il a fait placer dès 1524 un retable de bois peint et sculpté que domine la figure du diacre de Saragosse, tandis qu'au-dessous courent quatre bas-reliefs représentant quatre scènes de son martyre (3).

Enfin, tandis qu'au clocher, que ses armoiries décorent à l'intérieur comme à l'extérieur, sonne une cloche pesant cinq milliers dont il a fait présent, des vitraux sont placés aux fenêtres de sa chapelle, et comme il ne les trouve pas suffisants, il ordonne, par un codicille de 1532, de les remplacer par deux verrières représentant l'*Annonciation* et la *Visite à sainte Élisabeth* (4).

---

(1) A la base de ce clocher existait sur le pansoir de la fenêtre de la chapelle avoisinant la cour d'entrée (aujourd'hui la rue) une inscription que nous restituons d'après le peu qui subsiste : *Hanc [turrim campanariam fecit fieri R^{dus} in Christo pater et dominus Anthonius de Montecuto] commendatarius [perpetuus hujus monasterii S^{ti} Vincentii, elemosinarius illustrissimae] dnae. principissae [Margaritae comitissae Burgundiae ad laudem Dei omnipotentis. Murator fuit....] a dictus de Chastenois. Anno mill. quingentesimo XXI, septembris die festo sancti....*

(2)-(4) Voir dans le volume intitulé *Congrès des Sociétés des beaux-arts*, 1898, p. 250 et suiv., mon étude sur *Conrad Meyt et les sculpteurs de Brou en Franche-Comté.*

(3) « Dominus Antonius de Montecuto, primus commendatarius fieri curavit antiquam tabulam majoris altaris in cujus medio posita est statua devota licet lignea S. Vincentii hinc et inde quatuor status ejus martyrii in sculpturâ representati. Et, supra basim, quae sequuntur

Antoine de Montcut mourut à Bourg le 24 juin 1532, et dans l'église de Brou on voit encore, dans la chapelle où dorment ses cendres, l'effigie du prélat recueillie et agenouillée, dans l'angle d'un vitrail qui représente la Cène et qui doit être sorti du même pinceau que les verrières, hélas ! disparues, de notre église de Saint-Vincent.

François Bonvalot, l'oncle du cardinal de Granvelle, succéda à Antoine de Montcut ; sous sa prélature, un religieux, frère Jean de Presles, se plut à embellir l'église abbatiale de divers objets précieux, calice d'argent doré du poids de six marcs, grand ciboire d'argent doré, lampe brûlant nuit et jour devant le grand crucifix. Il fit exécuter à ses frais un grand Christ de bois peint escorté des deux figures de la Vierge et de saint Jean, qui ne coûtèrent pas moins de 65 francs, y compris les ferrures pour les suspendre. Enfin il fit exécuter en Flandre un grand candélabre de bronze (ou cierge pascal) pesant onze cent cinq livres et dépensa, tant pour l'acquisition que pour le transport de ce meuble précieux, une somme de 324 francs [1].

Ce modeste religieux fit à lui seul, pour la décoration du monastère, plus que François Bonvalot et qu'Antoine Perrenot de Granvelle lui-même, qui fut abbé de 1567 à 1586, ou que son successeur immédiat, le cardinal Madrucci, évêque de Trente, qui ne considéra comme eux son abbaye que comme un simple domaine à revenu, et mourut à Rome en 1600, sans avoir mis le pied au comté de Bourgogne.

Guillaume Simonin, qui introduisit dans l'abbaye de

---

scripta sunt : AD LAUDEM DEI PRESENTEM TABULAM FIERI FECIT R^DUS IN CHRISTO PATER ET DOMINUS ANTONIUS DE MONTECUTO, COMMENDATARIUS PERPETUUS HUJUS MONASTERII S. VINCENTII, ELEEMOSINARIUS ET CONFESSOR ILLUSTRISSIMÆ PRINCIPISSÆ DOMINÆ MARGARITÆ COMITISSÆ BURGUNDIÆ, ANNO DNI. 1524.

(1) *Arch. du Doubs*, fonds Saint-Vincent, mobilier de l'église. Pièce justificative n° 1. Jean de Presles mourut le 5 mars 1544.

Saint-Vincent la réforme de saint Vanne et de saint Hy-
dulphe, et qui, avant d'être suffragant de l'archevêché de
Besançon, avait été moine, prieur et sacristain de son
futur bénéfice, y laissa de meilleurs souvenirs et s'y fit
enterrer au pied du maître-autel, le 26 août 1630. Sous son
pontifical, en 1621, un nivellement, qui ensevelit les bases
des piliers romans de la petite nef, pour la mettre au
même plan que la grande, détermina la destruction de la
chapelle d'Hugues d'Augicourt, à droite du chœur, et sa
reconstruction sur la même place, dans les conditions où
nous la voyons aujourd'hui. Le même maçon, François
Perrenot, la reconstruisit avec le même soin, puis éleva
en 1623 un bâtiment allant de l'église à la cuisine, en
1635 une seconde chapelle dédiée d'abord à la Vierge, et
plus tard à sainte Agathe, qui devait faire et fait encore
face symétrique à la chapelle de Saint-Hugues, enfin en
1655 un pan du cloître composé de six arcades qui s'appuie
à la chapelle de la Vierge (1). Le musée de Dole possède un
bon portrait armorié de Guillaume Simonin.

Joseph Saulnier, évêque d'Andreville, succéda à la fois et
comme abbé et comme suffragant à Guillaume Simonin. Il
fit, en 1664, peindre et blanchir toute l'église (2), et, en 1673,
construire la chapelle de Saint-Ferréol sur l'emplacement
du collatéral de droite (3). Quand il mourut, le 25 avril
1681, on l'enterra dans le chœur, du côté de l'évangile,
sous un monument appliqué contre la paroi de l'église,
où, au-dessous de son portrait, on lisait l'épitaphe suivante :

---

(1) *Arch. du Doubs*, fonds Saint-Vincent : église et annexes.

(2) *Ibid.* Cette réparation fut faite par Étienne Guennard, bourgeois
de Dole.

(3) *Ibid.* Le marché fut passé le 3 juin 1673 avec Antoine Bonnier,
d'Adam-lez-Vercel, et Pierre Chavassine, citoyen de Besançon, qui se
chargèrent de construire la chapelle éclairée de quatre fenêtres, à
prendre du clocher jusqu'à la chapelle de Saint-Benoît.

« Ci-gît illustrissime et reverendissime dom Joseph Saulnier qui durant soixante-deux ans pratiqua rigoureusement la règle de saint Benoit, pendant cinquante ans fut abbé de ce monastère, pendant quarante ans fut évêque d'Andreville. Modeste malgré ces titres, il adoucit par l'amabilité de ses mœurs l'austérité de sa vie. Pauvre volontairement, il combla de libéralités les pauvres et cette église, il fut un membre actif et dévoué du chapitre métropolitain. Il chérissait cette cité dont il était habitant depuis soixante-dix ans, et qui mettait en lui son affection et son espoir. Il vécut quatre-vingt-cinq ans sans avoir connu la maladie ni la décadence. Vous voyez ici un portrait que de son vivant il ne laissa ni dessiner ni peindre. Il sacra trois archevêques et consacra tant de ministres de l'église qu'on put à bon titre l'appeler le père du clergé comtois. Il n'omit jamais de réciter les heures canoniales jusqu'au jour de sa mort, où il rendit l'âme en priant au milieu de ses frères en larmes, le 25 avril de l'an du Seigneur 1681.

« Comme un vase d'or, comme un soleil, il a brillé dans le temple de l'Éternel (1). »

Jean-Baptiste Boisot, qui remplaça comme abbé l'évêque d'Andreville, était un homme d'esprit; sa famille, de condition très modeste (son père était épicier), avait su, en ser-

---

(1) *Hic jacet illustrissimus et R$^{diss.}$ D. D. Josephus Saulnier, divi Benedicti regulae per 62 annos observantissimus, per quinquaginta abbas, per quadraginta episcopus, inter hos titulos modestus, vitae austeritatem morum suavitate lenivit, ex voto pauper, ex beneficio in pauperes et propriam ecclesiam liberalis, insignis capituli amicus semper saepius utile membrum fuit. Diligebat civitatem septuagenarius incola et pariter civium spes et amor erat. Vixit annos octoginta quinque procero sacro erectoque corpore et ad majestatem et decorem composito. Sacravit archiepiscopos tres ac tot ecclesiae ministros creavit ut patrem cleri Sequanici recte dixeris. Canonicas preces non omisit usque ad mortis diem quem inter fratrum lugentium manus clausit orans die 25 aprilis anno Dni. 1681. —* QVASI VAS AURI QVASI SOL EFFULSIT IN TEMPLO DEI (*Eccl.*, 5).

vant Louis XIV, gagner des distances et mériter des emplois. Il eut l'instinct littéraire et sauva une partie des collections Granvelle tout en vendant l'autre, et constitua avec ces débris la première bibliothèque publique qu'ait possédée Besançon. Ce service rendu aux lettres a donné à son nom une ampleur qu'il n'eût pas eue par son propre mérite ; l'homme était médiocre, mais ce qui lui valut une réputation, ce fut l'amitié de Pellisson et le suffrage du pouvoir. Un étranger le remplaça en 1694, mais ce ne fut que pour peu de temps ; François-Gaspard de Grammont, suffragant de l'archevêché sous le titre d'évêque d'Aréthuse, lui succéda en 1702 et, malgré sa fortune minime, mérita l'affection et la reconnaissance de ses religieux. Un de ses premiers actes, suscité, il est vrai, par un religieux, dom Vincent Duchesne, qui s'occupait avec succès, dans les monastères de l'ordre, d'architecture et de rénovation des églises et des bâtiments monastiques, fut l'embellissement de l'église abbatiale de Saint-Vincent. L'évêque d'Aréthuse se reposa sur lui des plans à créer, des marchés à passer, des combinaisons matérielles et financières; en 1717, le clocher, qui menaçait ruine, fut consolidé dans l'angle occidental, voisin de la grande porte encore subsistante, par un solide contrefort où l'on voyait naguère sculptés et cette date et le blason des Grammont (1). En 1720, un marché fut passé avec l'entrepreneur Maurice Chalandre pour voûter la grande nef de l'église et créer au fond du chœur une abside semi-circulaire, ce qu'on appelait alors une coquille. L'artifice imaginé par dom Vincent Duchesne, que son emploi passager de professeur d'écriture

---

(1) *Arch. du Doubs*, fonds de Saint-Vincent, visite de 1728. La crypte qui s'étend sous le chœur (100 mètres carrés environ) date de cette époque, à la réserve d'une section voisine du chevet datant de 1650, d'une faible partie sous la chapelle latérale gauche qu'un bénitier aux armes d'Épenoy date du xvie siècle; enfin le caveau de M. de Rommecourt, dans la nef près de la chapelle de droite.

de Louis XV [1], que ses travaux de construction à Faverney,
à Morey, à Saint-Pierre de Chalon-sur-Saône, que sa dé-
couverte d'un nouveau procédé pour scier le marbre avaient
mis en vue, était quelque peu naïf, quoique renouvelé des
architectes du moyen âge. Des culs-de-lampe incrustés
dans les murs de la grande nef devaient fournir le renfort
pour supporter les doubleaux d'une voûte d'arête. On pro-
céda de la sorte, mais quand la voûte fut débarrassée de
ses étais, on s'aperçut d'une flexion menaçante qui obligea
de soutenir par des piliers quadrangulaires, sorte de bé-
quilles de pierre, les culs-de-lampe qui fléchissaient. Cela
fait, l'admiration fut générale aussi bien devant le portail
plaqué sur la façade extérieure et où, dans un maigre
étagement de deux ordres d'architecture, deux statues avaient trouvé place, que devant les armes du suffragant peintes et dorées sur la voûte du chœur avec cette
inscription : *Franciscus-Gaspardus de Grammont episcopus
Arethusiæ, abbas XXXIV Sancti Vincentii.* Sur le maître-
autel, dont les degrés sortaient des carrières de Serre-lez-
Franois, se dressait un beau tabernacle doré, avec un grand
retable où les armoiries des Grammont étaient reprodui-
tes deux fois, comme aussi dans les vitres des deux grandes fenêtres latérales. Les chapelles, une fois réparées et
ornées, avaient changé de vocable ; à gauche, la chapelle
de Notre-Dame était dédiée à sainte Agathe, celle de l'autel
du collatéral gauche à saint Pierre ; à droite, la chapelle de
saint Hugues avait passé à saint Benoît, celle du collatéral
droit restant à saint Ferréol. Dans la nef, séparée du chœur
par une grille, deux autels, celui de gauche consacré à
Notre-Dame du Cordon Bleu, celui de droite à saint Joseph [2].

Ces transformations architectoniques, accomplies aux

---

(1) Pièce justificative n° VI.
(2) Visite de 1728 déjà citée.

frais et par les soins de l'évêque d'Aréthuse et de Vincent Duchesne, sont les dernières qu'ait subies l'église abbatiale de Saint-Vincent avant la Révolution française.

Dans les lamentables destructions qu'entraînèrent les événements politiques, disparurent bien des objets intéressants, sculptures, peintures, vases sacrés, auxquels il conviendrait de faire une place dans cette étude, sans omettre quelques inscriptions funéraires, très peu nombreuses, à ajouter à celles que nous avons déjà mentionnées.

Sous la lampe du sanctuaire, devant le maître-autel, on voyait encore en 1720 la tombe de Guillaume Le Chin ou Le Chien, dit de Besançon, qui régit le monastère de 1352 à 1362 environ.

La voici telle que l'a recueillie dom Guillo, historiographe de l'abbaye [1].

☩ ANNO : DNI : [M : CCC : LX : II : V : NONAS : MARTII] :
OBIIT : [REVERENDUS : PATER :] DNS : GUILLERMUS :
DE : BISUNTIO : HUMILIS : ABBAS : MOSTII : STI : VICENTII :
ANIMA : EIUS : REQUIESCAT : IN : PACE : AMEN : AMEN :

Dans les caveaux de Notre-Dame on peut lire encore sur un cartouche l'épitaphe d'Antoinette de Cléron, dame d'Orsans, morte le 7 août 1637, durant la peste qui fit mourir une foule de Bisontins [2].

CY GIT ILLUSTRE DAME D. ANTOINE DE CLERON DAM.
D'ORSAN. LAQUELLE MOVRVT LE 7 AOST L'AN 1637.

Le 21 juillet 1706, on avait inhumé dans la chapelle de Saint-Benoît Jean-Pierre de Rommecourt, lieutenant du roi à la citadelle de Besançon, auprès du corps de Marie Habert, son épouse, décédée elle-même le 8 septembre 1702. Nous

---

(1) D. GUILLO, *Hist. de Saint-Vincent*, p. 138.
(2) V. *Académie de Besançon*, 1881, 299.

renvoyons aux pièces justificatives [1] le texte de cette inscription inédite, avec le regret de n'y pouvoir joindre celle
d'Étienne Coulon et de sa sœur, gravée le 21 décembre
1628, pour rappeler la fondation d'une messe journalière à
l'autel de Saint-Benoît.

Parmi les objets intéressants dont les libéralités des
abbés, prieurs ou religieux avaient enrichi, au cours des
âges, le trésor ou l'église de Saint-Vincent, je citerai les
joyaux suivants :

Vers 1348, l'abbé Guillaume de Quingey fait calligraphier
un antiphonaire, un graduel et un rituel pour son abbaye ;
en 1358, Guillaume Le Chien fait confectionner une crosse
abbatiale d'argent émaillé ; en 1374, une statue d'argent
pesant quarante marcs est offerte à l'église par vingt-deux
citoyens de Besançon, coupables du meurtre de l'abbé
Pierre Bérard, tué devant la pierre de Mal-Conseil, à
l'angle de la rue de la Vieille-Monnaie et de la rue Ron-
chaux, en 1372.

Au xvie siècle, nous avons cité les dons précieux d'Antoine de Montcut et de Jean de Presles. Au xviie, les archives abbatiales possèdent nombre de marchés curieux pour
l'histoire de l'art en même temps que pour la continuation
de notre liste [2]. Ce sont : une statue d'argent de la Vierge,
commandée en 1627 à Pierre de Loisy le Jeune, orfèvre
bisontin ; une seconde statue analogue exécutée en 1628
par l'orfèvre Heinrich Cicupman ; un bras d'argent à base
de cuivre offert, comme la Vierge de 1628, par un religieux,
Jean Doroz ; quatre chandeliers triangulaires d'argent, con-
fectionnés en 1629, par Pierre de Loisy ; un retable sculpté
par Alexandre La Motte, de Salins, pour la chapelle de
Saint-Benoît, en 1662 ; une statuette de saint Benoît, faite
par le sculpteur Philippe Doby, la même année, pour la

---

(1) Pièce justificative n° V.
(2) V. pièce justificative n° II, l'inventaire du trésor en 1645.

salle du chapitre ; une statue du même saint, taillée par le même en 1663, pour le grand portail ; des ornements donnés la même année par Adrienne Lambelin, veuve du peintre Sille de Loisy.

Le sculpteur salinois La Motte place en 1663 au maître-autel un superbe retable qui ne coûte pas moins de deux mille francs [1] ; une châsse ornée de huit figures d'argent est exécutée en 1678, aux frais de l'abbé Saulnier, par l'orfèvre Charles-Oger Chenevière pour les reliques des saints Ferréol et Ferjeux ; des bâtons cantoraux surmontés des figures de saint Benoît et de saint Vincent ont été modelés en 1667, par Balthazar Chenevière ; et le chef de saint Ferjeux a été enfermé en 1675 dans un buste d'argent ciselé par Jean-Baptiste de Loisy. En 1678, le fondeur Jean Bretillot-Damey, de Morteau, fond un second candélabre de bronze pareil à celui donné en 1537 par Jean de Presles.

En 1682, c'est le maître maçon Antoine Bonnier qui sculpte le monument de l'abbé Joseph Saulnier ; c'est Charles-Oger Chenevière qui martèle, aux frais de Jean-Jacques et Étiennette Flusin, un chef de sainte Agathe ; le sculpteur La Seigne exécute en 1705 le beau tabernacle du maître-autel ; en 1706, aux frais de M. de Rommecourt, la chapelle de Saint-Benoît est décorée d'un retable dont le dessin nous reste. En 1712, le sculpteur Jean Gallezot et son fils marchandent le buffet d'orgues, en attendant que Jean orne, après 1720, le chœur de l'église agrandie de superbes stalles, sottement détruites sous la Restauration par l'architecte Lapret. En 1748 le peintre Jourdain l'enrichit de tableaux [2].

Et de tous ces objets, et d'autres encore dont nous n'avons pas voulu surcharger cette description, il ne survit rien, sauf une belle chaire dans le goût du xviiie siècle,

---

(1) Pièce justificative n° III.
(2) Pièce justificative n° VII.

dont l'auteur reste encore inconnu. Cette nomenclature aura du moins comme résultat de faire connaître, d'une part, combien les artistes étaient nombreux et consciencieux à Besançon des xvi° et xvii° siècles ; d'autre part, quel contingent précieux fournissaient à leur labeur la piété de nos pères et la libéralité des monastères fondés par leurs aïeux.

J'arrêterai ici la première partie de cette étude, que compléteront divers documents et marchés d'œuvres d'art renvoyés aux pièces justificatives.

## II.

Une seconde partie de ces recherches, consacrées exclusivement à la chronologie des abbés, à la description de leurs sceaux armoriés ou à personnages, donnera, avec quelques planches indispensables, son complément nécessaire à cette sobre notice sur les monuments de Saint-Vincent.

## A

### LISTE DES ABBÉS TITULAIRES OU COMMENDATAIRES DE SAINT-VINCENT

#### 1092-1790

Achard, 1092.
Hugues I<sup>er</sup>, 1126-1132.
Pierre I<sup>er</sup>, 1138-1166.
Guichard, janvier 1178-✝ 9 octobre 1189.
Hugues II, 1195-1205.
Anselme, 1215-1240.
Hugues III de Montmirey, 1240.
Wirricus de Rougemont, 1241-1247.
Hugues IV de Chenecey, 1247-1268.
Jean I<sup>er</sup> de Palise, 1268-1297.
Guillaume I<sup>er</sup> de Ruffey, 1299-1306.

Guillaume II de Quingey, 1312-1349.

Amé de la Baume, 1349-1351.

Guillaume III Le Chin, de Besançon, 1352-1362.

Gérard de Laubespin, 1363-1369.

Pierre II Bérard, d'Ambronay, 1369-✝ 1er avril 1372.

Hugues V d'Oiselay, 1373-✝ 18 juin 1415.

Pierre III, Arménier, de Montigny-lez-Arbois, 1415-1440.

Jean de Renedale, 1443-✝ 11 janvier 1491.

Pierre IV de Montfort, 1491-✝ 12 mai 1501.

Hugues VI d'Augicourt, 1502-✝ 12 juillet 1517.

Antoine Ier de Montcut, premier commendataire, 1520-✝ 24 juin 1532.

Bertrand de Marnix, 26 juin 1532-1560.

Antoine II Perrenot de Granvelle, 17 décembre 1560-✝ 21 septembre 1586.

Louis de Madrucci, cardinal, 1587-✝ 2 avril 1600.

Laurent Blioul, moine bénédictin, 1600 (démissionnaire).

Pierre V de Toledo, 10 novembre 1600-1602 (démissionnaire).

Étienne Pierrard, 10 juillet 1602-✝ 5 février 1608.

Guillaume V Simonin, archevêque de Corinthe *in partibus*, 29 avril 1608-26 août 1630.

Joseph Saulnier, évêque d'Andreville *in partibus*, 26 mars 1631-25 avril 1681.

Jean-Baptiste Boisot, 30 mai 1681-4 décembre 1694.

Gabriel Petit, 24 décembre 1694-11 juillet 1701.

Antoine-François-Gaspard de Grammont, 15 août 1701-✝ à Avilley le 17 novembre 1727.

Claude-Antoine Duding, 27 mars 1728-✝ à Fribourg (Suisse), le 16 juin 1745.

Antide-Joseph de Jouffroy, 1745-août 1768.

Dominique des Cars, 1768-✝ avant le 30 mars 1780.

Sébastien-Michel Amelot, 1780-1790.


## B

## SCEAUX DES ABBÉS DE SAINT-VINCENT

1. — Guichard, 3 des ides de janvier 1179.

Sceau ogival, haut de 50 mm., large de 30.

✠ SIGILV . WICHARDI . ABBIS . SCI . VINCENT.

(Fonds de Bellevaux, H 141 (anc.). *Arch. de la Haute-Saône.*)

2. — Hugues, 1198.

Sceau ogival, haut de 52 mm., large de 34.

Abbé assis sur un siège à têtes de loups, revêtu de la chasuble, tenant une crosse et un évangéliaire fermé.

✠ HUGO . ABBAS . SCI . VINCENTII.

(Fonds de Bellevaux, H 91 (anc.). *Arch. de la Haute-Saône.*)

3. — Anselme, 1213-1239.

Sceau ogival haut de 52 mm., large de 38.

Abbé assis sur un siège à têtes de loups, tenant une crosse et un évangéliaire.

✠ SIGILL . ANSELMI . ABBIS . SCI . VINCENTII.

(Fonds Saint-Paul, cart. 11. *Arch. du Doubs.*)

4. — Vurricus, septembre 1244.

Sceau ogival haut de 56 mm., large de 34.

Abbé assis tenant une crosse et un livre.

✠ SIG . VURRICI . ABBIS . SCI . VINCENTII BISVNTINI.

(Empreinte fonds Saint-Paul, cart. 9. *Arch. du Doubs*). Matrice brisée appartenant à M. le chanoine Rigny, trouvée dans l'église des Cordeliers.

5. — Hugues, avril 1262.

Sceau ogival, haut de 54 mm., large de 35.

Sous un arceau trilobé soutenu de deux colonnes torses, l'abbé debout, tenant sa crosse et un évangéliaire.

✠ S . HVGON . ABBIS . SCI . VINCENCII . BISVNT.

(Fonds de l'Archevêché. *Arch. du Doubs.*)

6. — Jean, 1279.

Sceau ogival, haut de 55 mm., large de 305.

Prélat debout, tenant une crosse et un livre ; à ses côtés deux roses.

✠ S IOHIS ABBATIS SCI VINCENTII BISVNTINI.

(Trésor des chartes, B. *Arch. du Doubs.*)

7. — Guillaume, 1er mai 1305.

Sceau ogival haut de 52 mm., large de 34.

Prélat debout, tenant une crosse et un évangéliaire : à ses côtés deux étoiles.

✠ S GVILLI ABBIS STI VICENCII BIS.

(Chapitre de Besançon, G 341. *Arch. du Doubs.*)

8. — Guillaume Le Chin de Besançon, 1360.

Sceau ogival, haut de 56 mm., large de 38.

Abbé debout, crossé et mitré ; à ses pieds son écu : trois chiens passants mis en fasce.

✠ S VUILLERMI DEI GRA ABBIS MON SCI VINCENCII BISVNTINI.

(Fonds Saint-Vincent. *Arch. du Doubs.*)

9. — Hugues d'Oiselay, 1384.
Sceau ogival, haut de 58 mm., large de 40.
Saint Vincent debout dans une niche gothique ; à ses pieds un écu : Oiselay.
[✠ S HVGONIS DE....] ABB [IS SCI VINCENTII] BISVNT.

(Fonds Saint-Vincent. *Arch. du Doubs.*)

10. — Pierre Arménier, de Montigny-lez-Arbois, 1439.
Sceau ogival, haut de 58 mm., large de 40.
Saint Vincent debout dans une niche gothique ; à ses pieds un écu : Arménier.
[SIG . PETRI] ARMENERII AB SCI VINCENTII BISVN.

(Fonds Saint-Vincent. *Arch. du Doubs.*)

11. — Hugues d'Augicourt, 10 avril 1505.
Sceau ogival, haut de 58 mm., large de 38.
Sous une niche gothique, saint Vincent debout tenant un livre ouvert et une palme. Au bas un écu : une croix ancrée.
S . HVGONIS . DAGECORT . ABBIS . S . VINCENTII.

(Fonds Saint-Vincent. Bonnevaux. *Arch. du Doubs.*)

12. — Antoine de Monteut, 18 décembre 1520.
Fragment : S : ABBATI. ..

(Fonds Saint-Vincent. Chapelle Saint-Antoine. *Arch. du Doubs.*)

13. — François Bonvalot, commendataire, 1537.
Sceau ogival, haut de 94 mm., large de 60.
Dans une niche Renaissance, à triple arcature cintrée, saint Vincent debout. Au bas l'écu : trois jumelles : Bonvalot.
SIGIL : RE : PA : DO : F. BONVALOT : COMMEN^rii : S : VINCENTII : BISVNT.

(Fonds Saint-Vincent. Titres généraux. *Arch. du Doubs.*)

14. — Louis de Madrucci, cardinal, 31 juillet 1587.
Sceau rond, 38 mill., bandeau lauré et deux filets.
Écu écartelé, sommé du chapeau de cardinal : aux 1 et 2, une aigle éployée ; aux 3 et 4, écartelé de.... à trois

bandes de.... et de trois monts barrés d'un chevron,
à l'écu, chargé d'un écu à deux torses.

✠ LVDOVICVS . DEI . GRA . S . R . E . PRÆSB . CARD . EPS.
TRIDEN . ZC.

(Fonds Saint-Vincent. Chapelle Saint-Antoine. *Arch. du Doubs.*)

15. — Guillaume Simonin, abbé de saint Vincent, évêque de
Corinthe, 1613.

Sceau ovale, haut de 71 mm., large de 62.

Dans une niche cintrée style Renaissance, appuyée de
volutes, saint Vincent debout avec palme. Plus bas, un
personnage mitré agenouillé sous une petite arcade ; au
bas ses armoiries : un pal chargé d'un cœur.

GVILLIELM . SIMONIN . ARCHIEPISCOPS . CORINTHIENSIS .
ABBAS . S . VINCENTII . BIS.

(Fonds Saint-Vincent. Bonnevaux. *Arch. du Doubs.*)

16. — Signet du même, 17 avril 1613.

Ovale, haut de 18 mm., large de 23 : bordé de 2 filets.

Écu : un pal chargé d'un cœur ; sommé d'une croix re-
croisetée.

(Fonds Saint-Vincent. Bonnevaux. *Arch. du Doubs.*)

17. — Joseph Saulnier, évêque d'Andreville, 13 juin 1673.

Sceau ovale, haut de 34 mm., large de 29 : légende entre
grènetis.

Écu : une fasce accompagnée de trois annelets (ou pains
de sel), sommée d'une ruche et d'un écu.

✠ JOSEPHVS . SAVLNIER . EPISCOPVS . ANDREVILLENSIS.

Autre plus grand, haut de 46 mm., large de 41 : légende
entre grènetis, 1679.

(Fonds Saint-Vincent. *Arch. du Doubs.*)

18. — Même écu, même légende.

(Fonds Saint-Vincent. *Arch. du Doubs.*)

19. — Claude-Antoine Duding, évêque de Lausanne, 15 avril
1730.

Sceau ovale, haut de 33 mm., large de 28 : légende entre
grènetis.

Écu ovale écartelé : aux 1 et 3, parti de gueules et d'argent à 2 ciboires de l'un en l'autre (église de Lausanne) ; aux 2 et 3 : de.... à 3 roses de.... tigées de....
au chef cousu de Malte. Chapeau à 10 glands, crosse et
mitre.

S . CLAUD . ANT . DEI . G . EPISCOPI . LAVSANENSIS . S . R .
I . PRINCIPIS.

(Fonds Saint-Vincent. Bourbonne. *Arch. du Doubs.*)

Sceaux de l'abbaye.

20. — 1277, 1er mai 1305.
    Sceau ogival : haut de 52 mm., large de 34 : 2 filets.
    Saint Vincent debout, tenant une palme et un livre.
    ✠ S . CONVENTVS . SCI . VICENCII . BISVNT.
    2 janvier 1627.

(G 341. *Arch. du Doubs.*)

21. — Sceau ovale, haut de 25 mm., large de 30 : 2 grènetis.
    Saint Benoît, nimbé, debout, tenant un livre ouvert et
    une crosse.
    ✠ SIGILLVM . SANCTI . VINCENTII.

(Fonds Saint-Vincent. Saint-Léonard. *Arch. du Doubs.*)

---

# PIÈCES JUSTIFICATIVES

I. — *Dons faits à l'abbaye, par frère Jean de Presles, d'un Christ
accosté de deux statues de la Vierge et de saint Jean, en bois
peint; d'une lampe perpétuellement allumée devant ce Christ;
d'un siège en bois avec figures de saint Vincent et saint Étienne,
devant le pupitre; d'un calice d'argent doré pesant six marcs ;
d'un grand candélabre de bronze, pesant 1,105 livres, fait en
Flandre; fondations pour l'huile de la lampe, la cire du candélabre, une messe journalière, 1537.*

Sequntur fundationes sive reparationes fratris Johannis de
Praelles, in ecclesia Sancti Vincentii Bisuntini facte.

Et *primo* fecit fieri et erigere ymaginem crucifixi cum duabus
ymaginibus, videlicet Beate Marie Virginis et Johannis euvan-
geliste; tam pro lignis quam pro picturis et ferramentis dic-
tarum ymaginum et inferius positis exposuit sexaginta quinque francos. . . . . . . . . . . . . . . . . LXV »

*Secundo* fundavit unam lampadem ante predictam ymaginem crucifixi dic ac nocte ardentem ; unde pro fundatione illius
lampadis exposuit sex viginti francos . . . . . . VI$^{xx}$ »

(Quia pro predictis pecuniis quolibet anno religiosi habebunt
sex francos censales et unam pintam olei pro continuatione
luminis.)

Insuper emit unum cacabum seu unum vas ad reponendum
sive custodiendum et conservandum predictum oleum pro continuatione luminis; et pro situatione illius vasis in ecclesia
Sancti Vincentii positi exposuit viginti francos. . . XX »

Postmodum dedit religiosis predictis centum francos pro una
antiphona ab ipsis religiosis ante prefatum crucifixum cothidie
dicenda, videlicet post magnam missam conventus de cantanda,
scilicet : « Adoramus te Domine Jhesu Christe, etc., » exposuit
centum francos. . . . . . . . . . . . . . . . C »

*Tercio* fecit fieri unum magnum scamnum in choro, ante
pulpitrum, habens duas ymagines ligneas videlicet sancti Vincentii et sancti Stephani prothomartiris; pro quo exposuit decem
francos. . . . . . . . . . . . . . . . . . . X »

*Quarto* fieri fecit unum calicem sex marquas ponderantem interius exteriusque deauratum; omnibus computatis, exposuit sex viginti et tres francos . . . . . . . . . .   VI$^{xx}$III   »

*Quinto* fecit fieri in Flandria unum magnum candelabrum ponderans undecim centum et quinque libras; tam pro appourtato dicto candelabro quam pro situatione dicti candelabri in ecclesia Sancti Vincentii positi, pro quo exposuit tres centum et viginti quatuor francos . . . . . . . .   CCCXXIIII   »

*Septimo* fundavit unam missam cothidianam a religiosis Sancti Vincentii dicendam et celebrandam pro qua dedit septem centum francos . . . . . . . . . . . . .   VII$^c$   »

*Octavo* fundavit septem cereos pro dicto magno candelabro ponderantes quatuor decem libras, videlicet pro quolibet cereo duas libras pro qua fundatione dedit quatuor viginti francos. . . . . . . . . . . . . . . . . .   IIII$^{xx}$   »

(Et quia pro qualibet libra cere dedit predictus prior quinque francos octo grossos cum dimidio et sic sunt quatuor albi de residuo super tota summa.)

Summa totalis est sex decem centum et viginti duorum francorum.

Placeat reverendo domino Francisco Bonvallot commendatario abbacie Sancti Vincentii Bisuntini atque consiliario prestantissimo divi Imperatoris nostri dare licentiam et auctoritatem dicto fratri Johanni de Praellez religioso predicti monasterii Sancti Vincentii Bisuntini, ut, post discessum suum magnus prior et conventus prelibati vestri monasterii Sancti Vincentii possint et valeant uti et frui illis redditibus et reparationibus superius declaratis et descriptis. Et ut licentia et auctoritas paternitatis vestre sit fulcita signo manuali vestro atque sigillo solitis et consuetis in fidem, robur et testimonium premissorum ibidem apponere dignemini.

Nos Franciscus Bonvallot, prefati monasterii Sancti Vincentii commendatarius perpetuus, consentimus suprascriptis fundacionibus, constructionibus et reparationibus. Datum Bisuncii sub signo nostro manuali et sigillo, die tertio mensis junii anno Domini millesimo quingentesimo trigesimo septimo.

F. Bonvallot.

(Orig. parch. Scellé du grand sceau de l'abbé de Saint-Vincent, décrit sous le nº 13 des sceaux de l'abbaye). Fonds Saint-Vincent (fondations et donations). (*Arch. du Doubs.*)

II. — *Inventaire des sanctuaires et argenteries de l'abbaye de Saint-Vincent, faict le 2 octobre 1645.*

Premièrement. Une image d'argent de St Vincent, sans baze, pesant environ vingt-huict marcz.

2. — Item une croix d'argent qui se porte aux processions armoyée des armes de feu Monsr d'Augicour, abbé de céans.

3. — Item un grand soleil ou Melchisedech pour exposer le St Sacrement cizelé et doré partout et armoyé des armes de feu dom Pierre Doroz, religieux de céans.

4. — Item un bras d'argent avec la baze, où il y a des reliques de St Vincent avec les armes de feu Monsr d'Arménie, abbé de céans.

5. — Item quatre grands chandeliers d'argent, cizelés partout de la pesanteur chacun de quatre marcs avec les armes de feu maistre Estienne Colon, de Besançon, qui nous les a donné.

6. — Item un grand plat bassin avec l'aiguière d'argent, donné par le mesme.

7. — Item une Nostre-Dame d'argent avec sa baze dans lequel est un grand os de St Leonard et armoyé des armes de dom Pierre Doroz.

8. — Item une croix d'argent au milieu de laquelle est enchassée une image de la Vierge, ornée encor de plusieurs autres reliques.

9. — Item un grand calice doré partout de la pesanteur d'environ six marcs et armoyé des armes de feu Monsr du Presles, prieur jadis de céans.

10. — Item le ciboire où se mettent les communions avec les mesmes armes du sr prieur.

11. — Item deux grands calices, l'un sans cizelure et l'autre avec cizelure de la pesanteur chacun d'environ quatre marcz et sans armes.

12. — Item un autre petit armoyé des armes de feu Monsr le docteur Claude de Vesoul.

13. — Item un vieux calice blan de la pesanteur environ trois marcs et demy.

14. — Item un autre petit calice doré partout qui se démonte à vif, avec les armes de Monsr de Montcut, abbé commendataire de céans.

15. — Item un reliquiaire d'argent, où sont les reliques de St Marcelin, la base de cuivre.

16. — Item un encensoir d'argent avec la navette de mesme.

17. — Item un petit plat bassin d'argent, avec deux chopinettes sans cizelure.

18. — Item une paire de grandes chopinettes d'argent cizelées partout.

19. — Item la crosse d'argent, avec laquelle on célèbre pontificalement, qui se démonte en quatre pièces.

20. — Item une mitre avec plaques d'argent et pierreries (les plaques d'argent de la pesanteur de cinq à six marcz ont esté employées à ayder à faire les chandeliers des acolytes ; toute l'estoffe de lad. mitre estant pourrie pour avoir esté serrée en un caveau soubterrain pendant la guerre. Les pierreries qui sont toutes corallines pour la plus grande partie de peu de valeur).

21. — Item une petite croix d'argent, dans laquelle est enchassée de la Vray Croix, provenant de Mons[r] Vale, religieux de céans.

22. — Item une paix d'argent au devant de laquelle est un crucifix esmaillé.

Le susd. inventaire faict entre les souscrits R[dissime] abbé, prieur et sacristain, le quatrième octobre mil six cent quarante-cinq, le tout remis ès mains des religieux.

*Signé :* D. Joseph Saulnier, abbé de Saint-Vincent.

Dom Donat Martin, prieur.

Hierosme Boissard, sacristain.

(Fonds Saint-Vincent (mobilier de l'église). *Arch. du Doubs.)*

III. — *Marché du retable de la chapelle de Saint-Benoît, passé entre les bénédictins de Saint-Vincent et Alexandre de La Motte, sculpteur salinois, 5 mars 1662.*

Constituez en leurs personne dom Célestin Saulnier, procureur du couvent des r[ds] pères bénédictins de la Cité Impériale de Besançon, d'une part, et honorable Allexandre La Motte, de Salins, sculpteur d'aultre, lesquelles parties ont convenus et marchandez ce que s'ensuyt ascavoir que led. Lamotte a promis et c'est obligé par cestes de deans le jour de feste Nativité Nostre Dame prochainement venant faire et parfaire ung restable d'autel en la chapelle St Benoist de l'église M[r] St Vincent de Besançon, conformément à celluy qui est en la chapelle

Nostre Dame d'icelle esglise. Et serat de mesme grandeur, largeur et hauteur que celuy de ladite chapelle, à la difference touteffois que les coulonnes estans canelée dans ladite chapelle de Nostre Dame seront torses en la présente, avec ung ornement de feuillage et qu'au lieu des deux cartouches que sont aux deux extremitez dud. hautel de Nostre Dame seront des festons. Et a promis led. Lamotte de l'amener ou faire amener à ses frais en ceste cité, le poser et le vernir bien et dehuement au dict des gens a ce cognoissantz, le tout pour et moyenant le pris et sommé de cinq cent frans, payable la moytié au jour de feste Resurrection Nostre Seigneur prochain et l'aultre moytié lors que ladicte besongne serat posée et entièrement parfaicte, comme le tout a esté stipulé par et entre lesd. parties; en obligeantz a cest effect lesd. parties respectivement leurs biens en forme de droit; soubs les privilèges des seel des Majestez Impériale et Catholiques duc et comte de Bourgongne avec celluy du sieur R$^d$ official dud. Besançon par *injunximus et monuimus* l'une des jurisdictions non cessante pour l'aultre, renonceantz à toutes choses aux présentes contraires, mesme au droit disant que générale renonciation ne vault si la speciale ne précède. Que sont esté faicte et passée en lad. cité par devant Jean Galiot, notaire, citoyen, le cinquième jour du mois de mars l'an mil six cent soixante deux. Présents à ce honorable Daniel Nartel, maistre-tailleur, citoyen, et honorable Nicolas Jacquet, de Broaavillers, résidant à Besançon, tesmoins requis et appellez.

*Signé :* D. Célestin Saulnier, Alexandre de la Motte, Daniel Narthey, N. Jacquet, J. Galiot.

En marge : Le 21 avril 1662 payé au sieur de La Motte cent frans, portez par le R. P. D. Henry de Vautravers. *Signé :* Dom Léandre Vincent; — cent cinquante frans payez par le sieur Pieton. *Signé :* Dom Léandre Vincent; — receu tout le contenu en ce présent marchef. *Signé :* Alexandre de La Motte.

(Original papier, fonds Saint-Vincent (mobilier). *Arch. du Doubs.*)


IV. — *Description des cloches de l'abbaye Saint-Vincent fondues en 1662, sous la prélature de Joseph Saulnier, évêque d'Andreville.*


Charpente de chêne, beffroi d'une ancienne construction....

propre à porter sept cloches qui se rencontrent dans ledit clocher.

1. — Que la plus grosse de ces cloches a quatre pieds de diamètre hors d'œuvre sur trois pieds de hauteur jusque sous les
ambalières ; que le front de cette cloche est orné de feuillages
avec plusieurs cordons au-dessous, peu éloignés les uns des
autres, dans le milieu desquels est une main qui indique cette
inscription : REGI SÆCULORUM IMMORTALI ET INVISIBILI SOLI
DEO HONOR ET GLORIA IN SÆCULA SÆCULORUM AMEN, avec un
milliaire : 1662.

Au bas de ces cordons se trouvent des guirlandes de fleurs
et feuillages, au-dessous de ces guirlandes se trouvent onze
figures en relief représentant saint Paul, saint Ferréol, saint
Ferjeux, saint Benoît, la Vierge, saint Marc, saint Michel et
un saint de l'ordre de Saint-Benoît, avec une palme à la main.
Au bas de ladite cloche se trouve encore en relief un Christ
d'une face, saint Vincent de l'autre, saint Charles et saint
Georges d'une autre, enfin ces mots : J. BAPTISTA LIEVREMONT
ME FECIT.

2. — La seconde a trois pieds trois pouces de diamètre et
deux pieds dix pouces de hauteur mesurée comme la précé-
dente dont le dessus du front est orné de feuillages avec plusieurs cordons au-dessous, avec des guirlandes dans le bas
avec une main dans le milieu des cordons indiquant cette
inscription : MAGNIFICATE DOMINUM MECUM ET EXALTEMUS NO-
MEN EJUS IN ID IPSUM, avec le milliaire 1662 et plusieurs autres
figures dans le milieu et au bras de ladite cloche.

3. — La troisième cloche a trois pieds de diamètre et deux
pieds huit pouces de hauteur, elle est ornée de feuillages, de
cordons et de guirlandes avec plusieurs figures en relief, avec
l'inscription suivante : BENEDICAMUS PATREM ET FILIUM CUM
SANCTO SPIRITU LAUDEMUS ET SUPEREXALTEMUS EUM IN SÆCULA,
et le milliaire 1662.

4. — La quatrième cloche a deux pieds huit pouces de diamètre sur deux pieds trois pouces six lignes de hauteur, dont
le dessus du front est orné de feuillages, de cordon et de guirlandes, au milieu des cordons est une main qui montre cette
inscription : LAUDATE DOMINUM OMNES GENTES, LAUDATE EUM
OMNES POPULI, avec plusieurs figures qui sont dans le bas de
la cloche et le milliaire de 1662.

5. — La cinquième cloche a deux pieds six pouces de diamètre sur un pied un pouce de hauteur, orné de fleurons dans

le dessus du front plusieurs cordons, au bas desquels sont des testes d'anges et dans le milieu des cordons est une main avec cette inscription : OMNIS SPIRITUS LAUDET DOMINUM avec le milliaire 1662, avec plusieurs autres figures dans le bas de la cloche.

6. — La sixième cloche a deux pieds un pouce de diamètre sur un pied dix pouces de hauteur, le dessus du front est orné comme les précédentes, et dans le milieu est écrit : PER SIN-GULOS DIES BENEDICIMVS TE, avec le même milliaire 1662, avec plusieurs figures.

7. — La septième cloche a un pied onze pouces de diamètre sur un pied huit pouces de hauteur. Elle est de même ornée ainsy que les précédentes avec cette inscription : SIT NOMEN DOMINI BENEDICTUM, avec le milliaire 1662.

(Visite de l'abbaye par les commissaires du parlement de Besançon, août 1768. — Fonds Saint-Vincent. *Arch. du Doubs.*)


V. — *Inscription funéraire de Jean-Pierre de Rommecourt, lieute-nant du Roi à la citadelle de Besançon, avec énoncé des fonda-tions par lui faites à Saint-Vincent, 21 août 1706.*


### D. O. M.

Jean-Pierre de Rommecourt écuyer
Seigneur en partie de Petymenil, de Chaumenil
et de Crépy en Champagne, lieutenant de Roy de
la citadelle de Besançon, est décédé le 21 du mois
de juillet de l'an 1706, et a choisi sa sépulture
dans la chapelle de S$^t$ Benoist de l'églisse
abbatial de S$^t$ Vincent de Besançon pour
marquer sa dévotion à ce saint, et son
attachement aux Religieux de son Ordre
desquels il avoit obtenu en l'an 1678 lettre
de filiation, et voulant encoir avoir leurs
suffrages après sa mort, il a fondé en lad.
églisse un anniversaire solemnel a perpétuité
au jour de son décès, auquel on doit dire
toutes les messes non fondées, et la conventuelle
suivie du *Libera me* au jour de la représenta-
tion, donnant pour rétribution la somme de
900 lb. faisant partie de celle de 2150 lb.

dont le surplus est pour payer les frais funéraires
et pour ceux de Madame Marie Habert
son épouse décédée le 8 septembre de l'an
1702 et qui avoit déjà été inhumée dans
la même chapelle.

REQVIESCANT IN PACE . AMEN.

(Fonds Saint-Vincent (testaments). *Arch. du Doubs.*)


VI. — *Lettre de l'Intendant de Franche-Comté, M. Le Guerchois,
à dom Vincent Duchesne, pour lui proposer l'emploi de professeur d'écriture de Louis XV enfant. Paris, 7 octobre 1716.*

A Paris, ce 7 octobre 1716.

Mons<sup>r</sup> l'evesque de Fréjus précepteur du Roy, mon révérend
père, vient de me dire que vous pouvés vous rendre icy quand
il vous plaira et vous adresser a luy en son hotel rue Coq-
Héron, où vous luy fairés part du secret que vous avés pour
aprendre a écrire en peu de temps. Et ensuitte il voira si il con-
viendra de vous employer pour aprendre au Roy, mais dans
l'incertitude de l'événement il ne vous assure point du paye-
ment des frais de votre voyage. Vous y pouvés cependant
compter et sur des grâces de Sa Majesté si vous este admis à
avoir l'honneur de luy aprendre à écrire.

Je vous remercie des peines que vous avés prises pour l'ou-
vrage qui regarde notre province, j'ay mandé à M. Honoré de
le garder jusques à mon retour à Bezançon où je compte de me
rendre bientost.

Je suis avec beaucoup d'estime, mon R. Père, votre très
humble et très obéissant serviteur.

LE GUERCHOIS.

M. de Fréjus n'a point esté d'avis que je rendisse votre lettre
à M. le duc du Mayne, n'étant pas ecritte dans les termes qui
conviennent, l'ayant qualifié d'Altesse royalle, qui ne convient
qu'à M<sup>r</sup> le duc d'Orléans.

(Fonds Saint-Vincent (correspondance). *Arch. du Doubs.*)

VII. — *Quittance de deux tableaux représentant saint Pierre et saint André, exécutés par le peintre François Jourdain, pour l'abbaye Saint-Vincent, 17 novembre 1748.*

Je soubsigné et confesse avoir receus la somme de 24 livre, monoit du Roiome, pour avoir fait deux tableaux l'un qui représente S¹ Pole et lautre S¹ André, qui doit servir pour acompagner les autre du dortoire. En fois de quoi je subsine le present reçeus, ce 17 novembre 1748.

JOURDAIN, paintre.

(Fonds Saint-Vincent (mobilier). *Arch. du Doubs.*)

BESANÇON. — IMPR. VEUVE PAUL JACQUIN.